Algoritmo de rabiAmør

Colección Papeles Salvajes
Homenaje a Marosa di Giorgio
Poesía Experimental

Experimental Poetry
Homage to Marosa di Giorgio

Wild Papers Collection

Nibaldo Acero

Algoritmo de rabiAmør

Fotografías, Amarett Andrea

Nueva York Poetry Press LLC
128 Madison Avenue, Oficina 2NR
New York, NY 10016, USA
Teléfono: +1(929)354-7778
nuevayork.poetrypress@gmail.com
www.nuevayorkpoetrypress.com

Algoritmo de RabiAmør
© 2025 Nibaldo Acero

ISBN-13: 978-1-966772-52-1

© Wild Papers Collection vol. 1
Experimental Poetry
(Homage to Marosa di Giorgio)

© Publisher & Editor-in-Chief:
Marisa Russo

© Editor:
Francisco Trejo

© Layout Designers:
Paula Díaz Rodríguez

© Cover Designer:
William Velásquez Vásquez

© Photographs:
Amarett Andrea

© Photographs of the Authors:
Amarett Andrea

© Sound art
Javiera Valezuela, Vince Flores, Manu Palma, Javier Villanueva

Acero, Nibaldo

Algoritmo de RABIAMØR; 1ª ed. New York: Nueva York Poetry Press, 2024, 310 pp. 6" x 9".

1. Chilean Poetry 2. Latin American Poetry

All rights reserved. No part of this publication may be reproduced, distributed, or transmitted in any form or by any means—electronic, mechanical, photocopying, recording, or otherwise—without the prior written permission of the publisher, except in the case of brief quotations used in critical reviews or certain other non-commercial uses permitted by copyright law. For permissions, contact the publisher at:
nuevayork.poetrypress@gmail.com

ALGORITMO de
rabiAmør

Este libro no podría sino estar primeramente dedicado a JORGE CALVO, quien luchó con esperanza y murió sin asistencia, sin justicia y con unos «me divierte» en Facebook, que serán leña para futuras fogatas. "La esperanza es peligrosa", le dice Red a su amigo Andy, en *Shawshank Redemption*, quien tiempo después le replicará: "La esperanza es algo bueno, quizás sea lo mejor. Y lo bueno nunca muere".

La rebelión es una forma que toma la esperanza.

También el amor

y, por supuesto, dedico este libro
a Paloma Celis y John Burns,
por toda la amistad
de que son capaces los libros

PRÓLOGO ALGORÍTMICO
Poesía latinoamericana de puños y pasión

Carvacho Alfaro

¿Qué podemos vislumbrar sobre los afectos de imágenes y rabias acumuladas de una América Latina que se revuelca en la penumbra? Un conjunto de poemas pueden entregarnos una ruta que cada uno seguirá con la ilusión del ideal construido desde el amor más profundo, pero también desde la rabia más fecunda. Rabioso como espuma de mar. Rebelde como amor adolescente. La cicatriz más salvaje es la imagen más cruel que debe quedar en la memoria. Lo colectivo se fusiona en una obra de arte que sus calles, afectos, sueños y llamas son el ferviente grito de la masa que ondea banderas rojas y negras, desde la *RabiAmør*. La ruta del algoritmo que cada uno de nosotros transita se hace fuerte. Se solidifica en un camino escarchado por el frío de la indiferencia del poder más absoluto y distante. Cada uno de nosotros ama con dolor. Rabea con ternura.

Ir a la contra como quién lucha por todo y nada. Ir a la contra hasta tener/perder la razón. Perder la razón hasta la sinrazón. Y la sinrazón de la razón es mi razón que razona y quijotea.

Tengo una dignidad culiá que se manda sola,
que no pide permiso

La dignidad de la insolencia, como un reflujo de bilis sobre la rabia marchita. La rebeldía del ignorante y marginal, como una flor que se diluye, la belleza marchitada de la nada. La imagen es cruel. La vida es indigna. Latinoamérica viene desde el cerro, el mar, el barro y la chacra. El punga enfrentado a la fuerza arrolladora de la política de los acuerdos, cuando sólo quisimos rabia y amor en cada mano para alimentar el corazón digno. La *dignidad culiá* soberana que merece encender el fuego y quemar, quemar y quemar cada rincón que nos hace hablar frente al poder.

Blanco y negro. Rebeldes con causas. James Dean transformado en Jaime Díaz o en Gustavo Gatica. Ojo por ojo. Piedra por piedra. Hasta que la dignidad se haga costumbre. Y nos acostumbramos a gritar, lanzar piedras y escribir poemas. Tomar fotografías de gritos, sed y temores. Valentías escondidas detrás de ojos ciegos. La fotografía rescata cada imagen del ojo nublado. Del ojo convertido en sangre de la humanidad que circula detrás de cada bala en Santiago. Y el sonido del disparo, de la piedra en el furgón de los pacos o rebotando en la calle hace girar la vida y volver a la conciencia.

Como obra de vanguardia del siglo XXI, Acero construye desde sus versos feroces un imaginario de la rabia y del amor que nos invaden. Este universo se enriquece potentemente con la visualidad de Amarett Andrea cuyas imágenes mentales se abordan desde la estructura de Barthes, como si explorara los conceptos de *studium* y *punctum*. A su vez, las imágenes sonoras de Javiera Valenzuela, Vince Flores, Manu Palma y Javier Villanueva complementan esta propuesta integrando al texto de Acero tres piezas musicales: *Sin miedo*, *Dignidad* y *Paisajes* que dialogan vivamente con las palabras e imágenes.

Todo esto se ve impregnado por el diseño crudo y magistralmente tejido por Paula Díaz Rodríguez, quien forja un paisaje visual que encarna una equivalencia profundamente latinoamericana. La transversalidad de las texturas y la disposición espacial de cada página transfiguran el libro en un objeto que cobra vida, un mestizaje que se manifiesta en sus diversas formas. El diseño, a la vez inquietante y fascinante, cautiva en cada pliegue, convirtiendo la obra en un espejo negro SUDAKA: un acto de desatar desde la nada para trenzar un todo.

Elki, las ramas de duraznos y los paisajes desolados son la avenida principal de la ruta erótica de la seda. Miradas que se escapan, instantáneas derrotadas y colores desteñidos. Esto es Latinoamérica salvaje. Esto es *Algoritmo de RabiAmør*, que trata sobre todas las calles, afectos, violencias y utopías. Es sobre el lenguaje del profesor rebelde que ama a su madre y odia un sistema. Es un puñado de poemas que golpean y dan cabida a repensar la poesía latinoamericana sin vanguardias pero con rebeldía. Acero nos entrega la vida apasionada y sincera, que abre ojos y estalla de revoluciones de tierra y pavimento.

Es un ejercicio poético que estremece. Amarett nos entrega el ojo certero, el rebuscar los rincones de un territorio ardiente. La banda sonora de cada grito y lucha es el gran aporte de Valenzuela, Palma, Flores y Villanueva... todo lo cual sabe fusionar Díaz Rodríguez desde el espacio y la visión. Es ahí, entonces, en este libro-objeto donde cada lectura que haremos en cada mañana, en cada tarde, en cada noche, serán de rabia y amor.

Santiago de Chile, Junio de 2025.

Devolverle al dios
el cerebro gastado
como cuchilla de cazador.
Pero quedarse con el corazón
aunque sea un trozo de carbón
                      quemado.

La utopía es una hermosa niña desahuciada,
cuya vida se nos escapa todos los días de las manos.
¿El aire que respira es un aire que se pierde?
¿Se desperdicia el pan que traga?

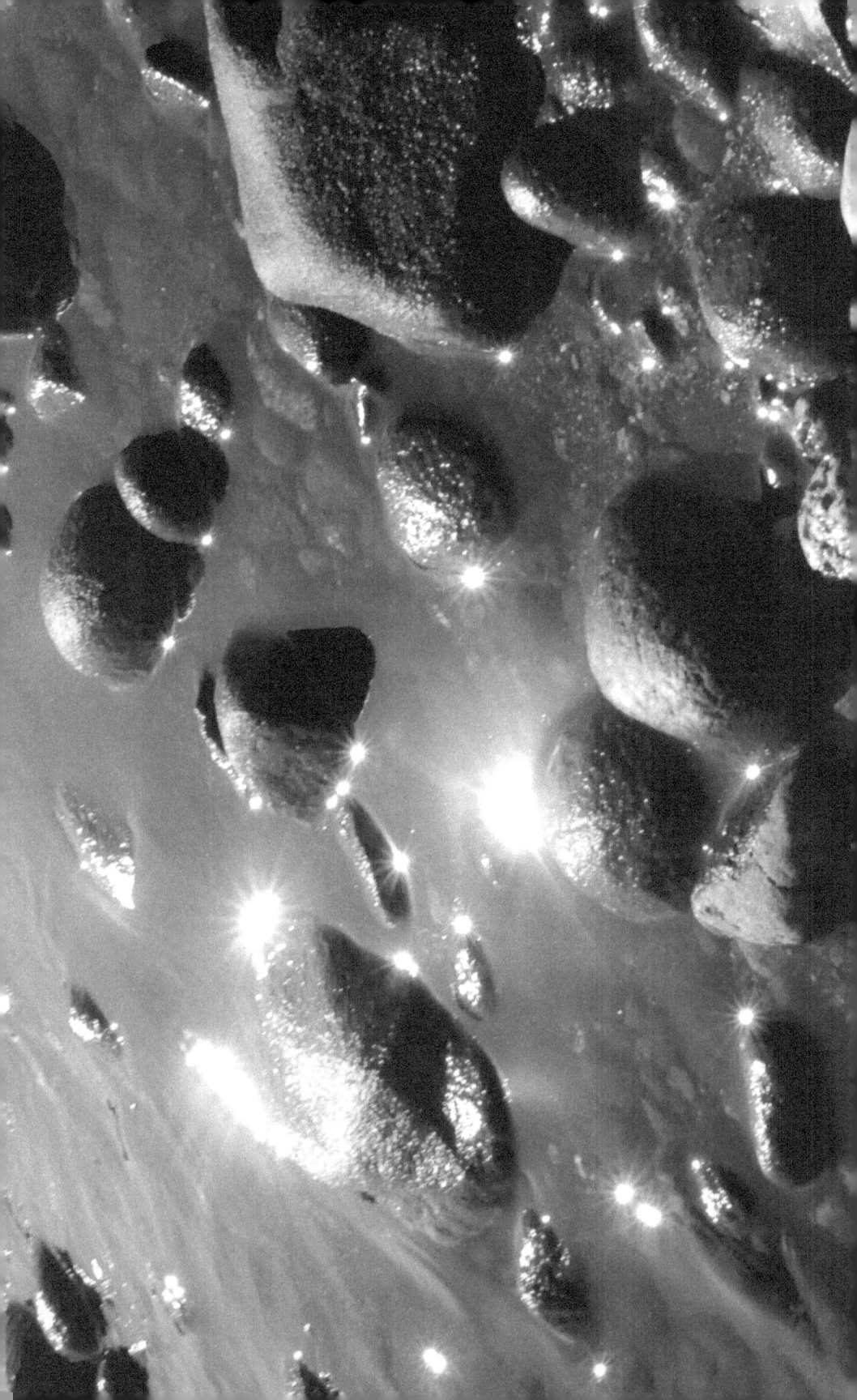

Algoritmo de
rabiAmør

Ir desde el rabo hasta los dientes
    y alojar allí
        por dentro
entre las sonrientes encías
              destrozadas
    por no guardar silencio:
  lugar perfecto
para que las valerosas palabras
      estén a un paso de hacerse carne
          y lanzarse al vacío
      cual ángel caído
          que bate bandera de sangre

DAR

desde una blanda, intacta y furiosa indignación:
desde   un destazado amor:
HEMOS de incendiarnos por
las   otras, los otres y los otros:
darlo todo en esta cancha **rayada de sangre:**
<mark>morir para vivir con todo</mark> con un hinchado *espíritu non sancto*:
con barricadas **de huesos y rota carne: poner los ojos a las balas:**
pelear   **por abrirlos grandes:**   matarse
para **nunca volver a cerrarlos:** luchar   por las hijxs,
por las madres y los padres:
maquillarse con lacrimógenas la cara:
con gas pimienta, cada mañana exfoliarse :
y a mano limpia resistir: <mark>resistir con la más temible de las violencias:</mark>
la de arriesgar felices la vida y la cabeza: Y   con devoción ambas
apostarlas: y con pasión **ambas perderlas**:   decir,   ahí tienen mis desgarros:
por favor, inviértalos
en transformarlo todo:
para levantar algo bellísimo de inmediato:
mendrugo de pan = palabra y piedra
apretujadas **en la mano:**   y no esconderlas: y sí lanzarlas
con furia sobre el asfalto: Y
poner en primera línea la consciencia: **y jamás,**
pero jamás volver a victimizarse:
orgullosamente con las tripas a la calle: <mark>porque no nos queda más
remedio que amar de
verdad:</mark>
lo que es una sentencia automática de muerte:
todavía, **todavía no vale la pena vivir**:
solo nos resta
con total rabia amar...
y desde la desnuda miseria
todo
para **todxs**
dar

SIN MIEDO

Hay quienes que no tienen miedo,
que no tienen ni un poquito de miedo
y que caminan por la calle
como si nada,
y que casi con dulzura
no temen a nadie
y con refinada locura
no temen a nada.
Hay gente que es feliz
y que incluso ama
y que no tiene miedo
de hacer o de decir,
de pensar
o de escribir,
que toma café con sus monstruos,
que comparte el pan con sus enemigos
y que hasta las amenazas
más recalcitrantes
les hace un poco sonreír.
En serio lo digo,
es poca, pero hay gente así:
sin miedo,
que ama
y que es (peligrosamente) feliz.

CONTRA

Contra toda maldísima guerra
contra todo sistema de muerte
contra toda estrategia militar perversa
contra toda jodida tiranía
contra toda justificación de aniquilamiento
contra toda supremacía de raza
contra toda intervención militar
contra todo holocausto
pero también contra todo exterminio:
el migrante, el afrodescendiente, el palestino.
Contra toda pacificación hijadeputa
contra toda segregación en el sur chileno
contra todo gueto
contra todo clasismo y la que lo parió
contra toda razzia en el universo.
Contra toda sistematización de miseria
contra toda comunicación ambivalente
contra toda red social que exfolia la cara del fascismo.
Contra toda estrategia bélica de medidos alcances
          bursátiles,
 contra toda guerra,
 sobre todo aquellas que activan mercados
 y puntuales capitales,
 contra toda farsa con las manos manchadas de sangre,

contra todo *líder* que se vaya en contra de un pueblo
                                                      más débil,
contra todo *líder* que se vaya en contra de su propio
                                                       pueblo,
contra esos líderes-estropajo
que hablan de que están en guerra contra enemigos
                                                       internos.
Contra toda elite que echa a andar su obscenidad como
si se tratara de un auto de carrera.
Contra toda guerra,
no solo contra de las guerras entre los blancos,
no solo contra las guerras en Europa,
no solo contra las guerras primermundistas,
también y con más furia en contra de los misiles que
mutilan niños en el tercer mundo.
Contra la guerra en Ucrania.
Contra la guerra en Siria.
Contra la guerra en Yemen.
¡Contra el holocausto en Gaza!
Contra toda brutalidad que reciben lxs niñxs en su
hogar o por una guerra,
contra todo sufrimiento hacia los más bellxs del
                                                       planeta.
Contra toda guerra
contra toda guerra
sea en Medio Oriente o en África.
          Contra la bestialidad del gobierno israelí contra
                                                     Palestina,

contra toda bestialidad policíaca,
contra las matanzas de Estados Unidos por la
                                                      democracia,
contra todo imperio y su coagulada voluntad de
                                                   hacernos mierda,
contra todo gobierno que ampara contra los pobres su
                                                          violencia.
En contra del sufrimiento horrible de la guerra,
en contra de la injusticia horrible pan de cada día,
del café matutino de brutal desesperanza.
En contra del monstruoso poder de la elite,
de los perros falderos de la infamia,
en contra del sensacionalismo horrible de los medios,
en contra de los tanques rusos,
de la miseria humana israelí
y del napalm norteamericano.
En contra de las armas,
de toda economía asesina,
brutal, sanguinaria:
en contra
en contra,
en contra,
de la falta de valentía
y la falta de pensamiento
que al poder
le lustra las botas.

Una niña de 17 años. Una niña de 17 años que lee.
Una niña de 17 años que lee dentro de su encierro en el Sename.
Una niña que lee tu novela y se siente identificada con su protagonista.
Una niña que ha sufrido violencia en serio.
Que lee tu novela y aspira (en sus palabras) a meter un *Gol de Oro* en el último momento.
Que a través de los libros bate una guerra enorme, que la pierde, que leyendo la sobrevive.
Sus libros en la estrecha habitación son gatos que la protegen y ronronean.
Una niña que en diez minutos te da cátedra de lo que es la literatura.
Que lee, que ríe y ama.
Una niña ante quien descubres que no eres nadie, un doctor en absolutamente nada.

Padre nuestro

Padre nuestro,
que estás en el Alto Las Condes,
privilegiado sea tu Nombre;
gestiona eficientemente
para nosotros tu reino;
hágase nuestra voluntad
tanto en La Dehesa como en el Monticello.
Danos hoy nuestro Starbucks de cada día;
perdona nuestras ofensas a los rotos,
como también nosotros perdonamos
a los muertos de hambre y envidiosos que nos ofenden;
no nos dejes caer en una población,
y líbranos del Marx.

Amén.

ACUERDO DE APOCALIPSIS

Soy de derecha.
¡Soy de derecha!
Gritó Dios,
En plena conferencia.

Si cabía alguna duda,
el hombre acaba de ratificarlo por la prensa.
Sus ángeles se han dividido en facciones
que van desde los reaccionarios
hasta los supremacistas,
pasando —inevitablemente—
por los demócratacristianos.
María ha tenido una tendencia más bien a ser de
izquierdas, por el cariño que conserva a su hijo,
Jesucristo, quien en su juventud creyó en la revolución
y movilizó a las huestes que hoy
precisamente habitan la miseria de este planeta.

¡Negocio redondo!
Volvió a gritar Dios, ante la prensa.

Los apóstoles están casi todos condenados por
corrupción y por tráfico de influencias.

Pero no se crean, Dios no siempre fue de derechas,
No olviden que organizó hasta plagas en contra del
poder,
pero el hombre recapacitó,   maduró,
y ahora las plagas las sufre el pueblo,
como corresponde a su idea de modelo.

Algunos santos, algunas santas
todavía no pierden la fe en la democracia,
pero al tener un Dios manifiestamente de
derecha —trascendió—
se hace muy difícil reconstruir las confianzas.

Por eso, históricamente la iglesia
se ha declarado una protectora
de la pobreza. Porque sin
pobres no hay fe, y sin fe no
hay miedo, y sin miedo no hay
posibilidad de sistema. El
puñado de ricos que nos
gobierna
no ha brotado espontáneamente de la tierra.
Por eso también son los ricos
los que todavía asisten a la iglesia.

¡Que reverencien a según ellos
es su dios!
Que se lo gasten,
que lo apuesten y que lo pierdan,
el único templo que vale la pena visitar
es el de la calle,
donde los cirios son molotov
y la luz verdadera
es una olla común.

No necesitamos de ningún dios,
no necesitamos de una cruz,
ni de uno de sus demonios
ni de sus ángeles requerimos.

Solo nos basta el amor,
el fuego
y la rebelión.

Aunque podríamos coincidir en lo del pan
y también en lo del vino.

Homenaje en vida a Hernán Larraín

Aunque la lleve el diablo, pongo mi alma sobre la mesa
y le exijo al dios cristiano que despabile su flojera
y te invista como el niño que,
en la celda del Sename,
se protege, echándose encima sus propias fecas.
Que en la próxima vida pagues
tanta putaza crueldad,
tanta bragueta soberbia
y que la desolación de una violación
quebrante todo lo que creas y sientas.

Volvería a creer en dios
si me permitiera verte de nuevo,
pero ya no como senador
ni ministro de Estado,
sino como niño violentado.
Volvería a creer en Dios,
asistiría hasta a la iglesia
si he de apreciar tan justo espectáculo.

Quebraría mi pacto
y encerraría cada demonio
bajo siete candados,
solo para tener la templanza
de verte siendo como un pollo,
poco a poco, deshuesado.

Pero mira cómo son las cosas, Hernán,
lo más posible es que si te viera así,
frente a un cierre de pantalón
o manoseado por la puta elite,
no tengas dudas de que muchos como yo
te protegerían de tal situación.

Porque serías un niño
y como tal,
seguirá siendo nuestra absoluta obligación
                                        tu felicidad.

No te dejaríamos en manos de monstruos como
Macaya, como Novoa o como tú mismo, Hernán,
y en la calle lucharíamos para que a futuro
tengas salud digna y gratuidad,
y todos los derechos inalienables que en esta vida
te has dedicado, horrorosamente, a despedazar.

(Todavía despreciado) Hernán,
que el próximo niño que seas
no sufra la obscenidad
ni el tráfico de órganos.
Espero de verdad, que ese niño que serás
nazca, primero, en un hogar
donde respeten sus derechos,
donde no tenga que trabajar
ni sea reprimido ni despreciado.
Ojalá un hogar
donde el amor florezca
y no debas untarte tu propia mierda,
para que no te sigan violando.

LXS ELEGIDXS

El elegido se sube a la ventana del sexto piso del
seminario marista,
apenas terminan con su diario abuso matutino.
Buscando un poco de diáfano aire,
el joven y futuro curita
determina
—sin más—
suicidarse.

El elegido es abortado por una
estudiante de secundaria, a quien
le aterroriza cada uno de los
gestos de sus padres.
La elegida muere por el error de
un tanque de última generación
norteamericana.
La predestinada para salvar al
mundo de la catástrofe
aspira neopreno para no
desmayarse de hambre.

Lxs elegidxs florecen desnudos en medio de lo
horrible, son armados del cristal más trizado y del
desastre más puro
para albergar
en sí mismos
la episcopal y narcotizada debacle.

Lxs elegidxs parecen
torturados sólo en los
noticiarios, parapetan la
desgracia de un sistema
perfecto, los humillan
y les botan de sus oficinas,
por las continuas formas usadas
para escapar del tedio.

Lxs elegidxs fracasan
como lo dicta la infumable providencia,
y vuelven a la carga
como samuráis disciplinadamente esponjosos,
como animales furiosos
a un río donde se construye una hidroeléctrica.

Lxs elegidxs mueren
y sus pequeños órganos son guillotinados,
depositados en opulentos púlpitos
de cultos religiosos,
en pabellones de élites enfermas,
propulsando macroeconomías
podridas
malnacidas
envenenadas
alejadas de sabidurías fraternas

      y en tierra de abogados,

lxs elegidxs caminan a pie descalzo
para que otros niños no mueran.

Dignidad

Tengo una dignidad culiá que se manda sola,
que no pide permiso,
que no se puede hacer la hueona.
Yo le digo, oye mierda, cálmate, tómate una agüita de
                                             pasiflora,
no veí que me dejái mal ante los jefes,
relaja la vena, hueona loca.
Pero la culiá en vez de chantar la moto
pareciera todavía más incendiarse,
y con el hacha al hombro
parte a cazar hasta dinosaurios,
sale a echarle la bronca a medio mundo,
poh hermano,
¡puta qué brígida mi socia!
Tengo una dignidad que saca la quisca a la menor
                                             provocación,

y yo como hueón voy detrás diciendo, cálmate loca,
no veí que necesito conservar la pega,
que tengo que llevar plata pa la casa
y mi huacha me mira como de otra dimensión,
como si oyera de lejos una mancha.
    Tengo una dignidad que me deja como bestia ante los
        bellos y
        civilizados
          de este planeta,
huacha preciosa que me emociona,
que adoro como perro, porque que no afloja.
Que me deja como las huevas frente a los que mandan
a la vez que me levanta del pelo, y susurra, como fiera,
¡no te vai a librar de mí, pendejo!
(aunque así de verdad lo quisieras).

Fogar

Una mujer que fue quemada viva
deja sus cenizas en tierra,
para que su nieta cultive,
sobre aquellas, hortalizas.

Su hermana menor
las pondrá sobre la mesa
para alimentar a la familia,
y un día de primavera
será violada a pleno día
cuando vuelva de la escuela.

A su hija la golpearán
con piedras y con tejas,
la descuartizarán
y pasearán sus restos por la ciudad,
para ser quemada, finalmente
como también lo fue su abuela.

Su bisnieta será crucificada,
muerta
e insepultada;

otra descendiente más:
quemada viva,

y otra más: víctima atroz
de una ajena
y sanguinaria guerra.

No faltará que alguna
de su inatajable descendencia,
sea torturada
por "asuntos de entrepiernas".

Otras quemadas,
y otras, solo martilladas.

Otras que, mientras aman,
serán orinadas desde arriba.
Ahorcadas con nuestras propias manos:
víctimas del AMOR,
nuevamente incineradas,
despreciadas, degolladas,

algunas con más suerte,
solo lapidadas
con aire y con saliva.

Y ahí seguirán,
casi como un combustible usado

para que esta vida,
continúe con su llamarada
-a veces-
espantosamente viva.

Como un mullido suelo
que aguanta el golpe
de la civilización
hecha por y para nosotros,
los ingeniosos hombres.

    Allí seguirán,
      amarrándose casi
voluntariamente

a una hoguera,
derramándose un acelerante
encima de ellas.

Riendo, sabiendo
que se extingue el tiempo
de la quema,
y que seremos nosotros

los que saltaremos a la arena,
para ser enseñados con aquel
mismo fuego con el que
quemamos a sus abuelas.
Porque bien que lo necesitamos.
Porque bien que lo merecemos.

¡APLAUDAN!

Aplaudan y agradezcan,
desagradecidos ciudadanos,
que vivimos y disfrutamos
de una moderna democracia.
Aplaudan y agradezcan,
que cuando lo necesiten:
pueden ir al supermercado,
de que cualquiera de
ustedes puede estudiar,
si se esfuerza. Agradezcan que
les tenemos el Transantiago,
las AFP, el SAPU, las Fuerzas
                          Armadas.
Apláudanle y agradézcanle al Estado,
garante de sus derechos y libertades.

Aplaudan y agradezcan,
que tienen trabajo, ¡y el trabajo dignifica!
Y bueno, la dignidad… la dignidad…
Lo importante es que tienen trabajo.
Aplaudan y dejen de quejarse,
qué no ven las maravillas de esta libertad,
de la posibilidad sublime de elegir
en qué colegio estudiarán sus hijos
o qué isapre desean contratar.
Aplaudan, aplaudan, desagradecidos,
miserables y desagradecidos ciudadanos,
Aplaudan, aplaudan y agradezcan,
que siguen vivos en este planeta,
y que de una vez no los matamos.

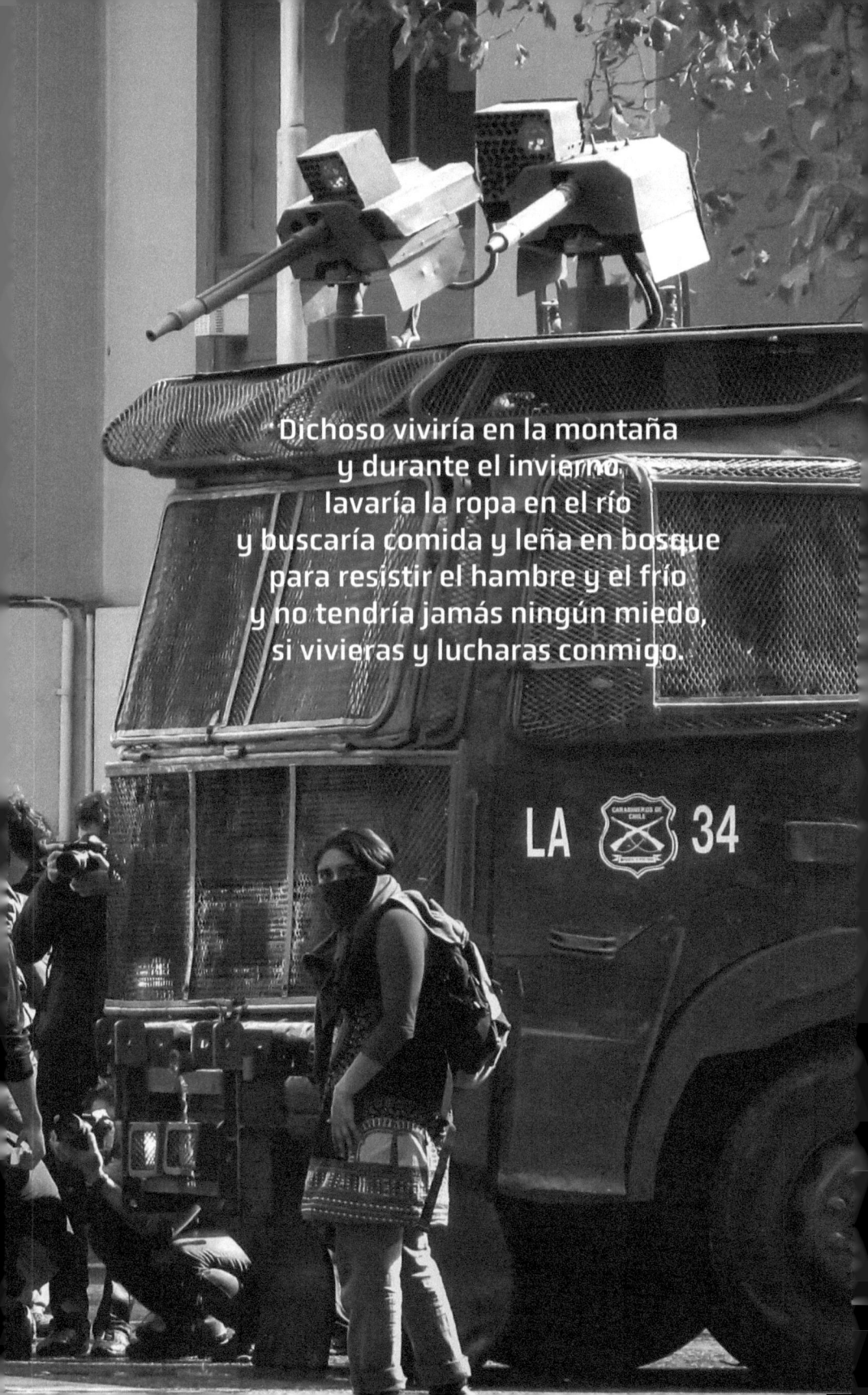

AMOR A LA VIDA

Adoro la vida como si esta en algún momento se fuese
$$\text{a acabar.}$$
Como si fuera frágil,
como si fuera fugaz.

La adoro con el amor parido que se tiene por las causas
$$\text{perdidas.}$$
Adoro la vida
como si respirar fuera obligación de luchar,
de apasionadamente desollarse por algo,
por lo que fuere:
el pan, la justicia, el amor o contra el Estado.

Adoro la vida
por las infinitas posibilidades de sacarse pedazos,
por la indestructible oportunidad de quemarse a lo
$$\text{bonzo,}$$
por las cotidianas barricadas
de resistencia en el trabajo.
La adoro, como me tienta la oscuridad,
como si vivir significara compadecer a los monstruos,
decirles: "Bienvenidos,

hay vino y conversación gratis, muchachos.
¡Hasta verte Cristo mío!".

Adoro vivir solo por la posibilidad de amar,
aunque fuese una estafa para optar vivir,
aunque al corazón le llegue un chorro de napalm.
Yo a estas alturas viviría para pelear,
aunque esto significara
indefectiblemente morir,
goteando la rabia sobre bellas flores del mal.

Y arrobarse y amar y resistir y luchar.
Porque si bien es cierto que es infinitamente mejor
                                      amar que sufrir,
es enormemente más placentero amar y luchar
para que realmente valga la pena vivir.

Adoro la vida como si esta en algún momento se fuera
                                              a acabar.
La adoro
precisamente por lo frágil,
estúpidamente,
por lo fugaz.

Quisiera agradecer a mi Pasión,
por traerme de las mechas
         —arrastrándome—
hasta orillas que mi prudencia
solo hubiera contemplado desde lejos.
Agradezco la voluntariosa estupidez de mi amor
y las demoledoras, familiares y deliciosas derrotas.
La infame caída, la horrible nostalgia,
la lacerante degolladura del desamor.
Me la aguanté, Pasión, di todo,
y aquí acabé, con quemaduras de tercer grado,
con espíritu de bonzo
y solo con un par de pedazos menos. No fue tan malo.
Demolidos el sexo y el corazón: agradezco tu infierno,
tu imaginación, también la asfixia y el dolor.
Sí, escuchaste bien.
Por culpa tuya lo di todo,
y todo de mí fue arrancado,
¡hasta las manos!
Gracias por eso, bella y bienamada Pasión.

E
L
K
I

a Berta Cáceres y a Gloria Chuñil

Y
yo
que pretendía ser un río,
que nacido en la alta cordillera,
concluyera en el mar
su caudaloso recorrido.
Como todo río
que se digne de tal,
solo pretendía avanzar:
un deseo, digamos,
sencillo,
me encantaría decir:
hasta natural.
Y yo que pretendía bajar por
las
laderas
de la
montaña
quebrada

    con la velocidad de las ramas
   ante una brisa de primavera,
 y partir las rocas
    como manzanas,
con mi furiosa
  y solemne
      tenacidad.
   Y yo que pretendía
   Y yo que pretendía
       Ser
        Un
         Río,
   que ingenuamente lo hacía,
    que ondulaba los riscos
    que saciaba
       a quien lo necesitara.
¡Que serpenteaba la montaña!
       ¡Háganse esa gracia!
   ¡Que surcaba su propio destino
en la vida! me veo muerto a medio camino
   seco
  Como el Rey Lear
    abandonado entre unas piedras.
  Como un Rey Lear pedregoso
   y copioso de mosquitos.
A mí que la gravedad
   me arrastraba con fuerza
     por un cauce maestro y amigo,

    hacia una costa
              en la lejanía
                      he terminado a medio camino,
                          completamente seco
                                entre los guijarros
  entre peñascos   que nunca
      habían mirado al sol a la cara.
            Y a mí, que pretendía
                  Ser
                        Un
                              Río,
me han irrigado toda la sangre
      toda la saliva me han secado,
algunos, que más bien debían
                          besarme.
Aquí arrojado estoy, como un
        cuerpo   inerme,
al que le extirpan, poco a poco,
con tubos algún tipo de daño.
      Solo la tragedia ha seguido rumbo a la
                            costa.
Soy un cadáver en medio de
           un cauce.
Solo y fangoso. Solo y seco, en medio
              del valle.
          Pero
            ¡Volveré a ser el orgulloso y
    caudaloso río!

Volveré a saciar a campesinos,
peces y aves,
                              y a ondular el
      volveré a ver el mar   risco.
¡A arrastrar las rocas conmigo!
                      ¡Sea donde sea que marche!
¡Ganaremos! ¡Ganaremos!
                  Se lo dije a Berta,
a fuerza de asesinatos de activistas
      —y de sus felices resistencias—
                todos los ríos sobreviviremos.
Y la memoria de nuestras aguas
        inundarán de nuevo
              territorios diaguitas y lencas.
        Nos matarán.
                Nos seguirán matando,
                pero ganaremos.

        Se lo prometí a Gloria y a Berta.

Réquiem colgado de una rama de durazno

a la memoria de Enrique Fuentes

Por suerte solo quedan tiritas de mi desgracia.
Por suerte, me repito,
por suerte.

Por suerte te has marchado en desgarros y traumas
y solo la holografía de Satanás
aún da vueltas por la casa,
mencionándote.
Me alegro primero de decir "me alegro"
y desafiar tu recuerdo a mano limpia.

Y aunque el destino tire a la mesa
la más fogosa y amarillenta carta
la más nostálgica de las fotografías,
he de hacerle guardia a la memoria,
¡a mano limpia!

He perdido ya demasiado en mi vida
como para verte en cada ser viviente
¡recontracagado!, en aberrante delirio,

como para escribir basado solo en este dolor,
como para llorar, como para perder,
demasiado ya he perdido.

Solo me queda hacer que trabajo duro
o hacer que te olvido
o fingir que sufro por ti,
hasta el punto de convencerme
que en la intimidad ya no sufro
y que solo, solo, escribo.

Y en esa soledad descorchada
un espejo de frente me encañona:
«¡A la mierda todo!», me enrostro.
¡Para qué carajo he venido a este mundo!
Si se me prohíbe amar, una y otra y otra vez.
¿A qué mierda he venido,
si no muerdo más que la piel de mi dolor?
Creo todavía ser alguien de palabra
así que de esta noche no paso,
¡ni un jodido amanecer quiero ver más!

¡Una persona de trabajo debe morir por su propia
                                                    mano!
¿Para qué seguir vivo con las manos sobre el pecho?
Las manos son para ganarse el pan o enterrarse vivo
o para amarrar de alguna rama de durazno este dolor,
conchesumadremente infinito.

Y me bebo el último vino.
Brindo por mi ridículo honor
y por los amores que no disfrutaré jamás.
Quién necesitó tanto de la amistad
si uno deambula a lo bonzo por los caminos del Señor.
Qué pasa cuando el corazón es más grande que el sexo
y el sexo es más necesitado que el mismo corazón.

Se encendieron las ramas de un durazno que me dio
                                                    sombra.
¡Salud por esta desgracia tan bien armada,
por las finas terminaciones de mi derrota!
Salud por las lágrimas de un obrero ahorcado.
Salud por la muerte y su libertad.

¡Que el último brindis sea por la otra vida!

Brindo para no volver nunca jamás.

A mí sólo me gustaría escucharte
ya sea con la boca cerrada o abierta,
pero de imaginarte,
sí que te que imagino riendo
subiendo los escalones
de esa tenebrosa
y sin duda agraciadísima alma.
Alma de labios gruesos
alma de piernas largas
alma de tango y huesos.

¡Callaos por un momento, nefastos dioses!
Quiero escuchar reír
a tu silencio.

La victoria de Víctor o elogio a los calcetines

obviamente, a Víctor

Ayer por la noche murió de sobredosis un buen amigo
que vivió en la calle
y que fue valiente
y que fue sencillo.
32 años tenía Víctor
y unas zapatillas de lona, en pleno invierno, casi
                                      siempre húmedas.
Tío, me decía, cuando pueda tráigame unos
calcetines, porfa. También le llevábamos sopa,
              la de pollo merkén era su favorita.
Su sueño era dejar la droga, aunque poco esfuerzo
                                        hacía,
pero un sueño es un sueño, tío, me decía.
Nos reíamos: pequeña cosa que ahora encuentro
                                  extraordinaria.
No le gustaba el café,
aunque el que llevábamos no sabía muy bien,
                                        la verdad.
                        ¿Tiene algo para comer?

Mi otro sueño es trabajar en la construcción,
arrendar una habitación y dormir en una cama
                            de limpias sábanas.
¿Tanto te cuesta dejar la pasta base? (una vez más yo,
haciendo una pregunta estúpida).
Tío, ¿usted ha estado enamorado, pero enamorado,
hasta las patas? A mí me pasa eso, pero con la pasta.
Sí, he estado enamorado, como dices, y la verdad ha
sido estar un poco envenenado, pero es rico.
Nos reíamos.
El amor verdadero es como una droga, tío.
Enamorarse es intoxicarse, ¿usted ha amado con
rabia o con locura? ¿Ha estado de patio por un amor?
¿Por qué, Víctor? Aquí te trajimos calcetines, no sé por
  qué te gustan que sean blancos, ya que se nota más
                            la suciedad.

Porque solo los que están chiflados pueden amar, tío,
los que se tiran al mar en plena tempestad, todos los
otros tripulantes están solo de paso en una pasión.
Tío, si la piel de su amada usted no se la jala,
es que nunca hubo amor.
Si no aspira sus calcetines como una bolsa con
                                      neoprén,
es que, ya sabe, nunca hubo amor.

Víctor, te trajimos más sopita de pollo merkén,
otras calcetas blancas, como te apetecen.
He amado, es de lo poco que me puedo jactar,
                                    genuinamente.
Luminosa definición das del concepto de amor,
me has conmovido, amigo.
¿Cómo dijo, tío? No le entendí nada.
Disculpa, Víctor, es que puedo ser un verdadero imbécil
                                    con las palabras.
Olvídalo y mejor bebamos un vino.
Ya, tío, gracias.
Nos reímos.

Debilidad No Superada

si me viera obligado:
   si un puto policía
      pusiera un arma en mis manos
         para dispararme en las sienes,
            si alguien furiosamente
        a modo de vida o muerte
     me forzara a decidir, ahora,
    entre la razón o el amor,
      entre atornillarme en la cabeza
o deambular por el ridículo y festivo corazón,
        preferiría sin duda y, de una vez,
   sin duda elegiría,
intentaría sin duda ubicar mi brutal domicilio
     (avenida fracaso a la altura de rabia, esquina
                  ternura)
    en definitiva y
  sin ninguna duda:
decidiría sensatamente encadenar
     toda mi vida
       a la imaginación

porque solo en la imaginación
podría levantar una casa con mis propias sienes
acribilladas
y diseñar el desquiciado plan de vivir juntos!
Y la edificaría
A base de juncos,
espigados como usted

y más aun alquilaría cerca de allí
una habitación
para que instale su taller,
donde feliz pagaría los años de alquiler,
los gastos comunes,
donde compraría más libros
que definitivamente no vamos a leer
y lo decidiría firmemente
porque en la imaginación
sería el único lugar
donde podríamos compartir —a lo Lihn—
los órganos y la membría,

                    donde rescribiríamos
        nuestras actuales y absolutas derrotas
                y veríamos cada día
             un frondoso amanecer salir

        en aquel cuarto de escombros humanos
        podría dormir y despertar contigo,
                  y sería feliz,
            completamente feliz,
                irracionalmente,
                     pero ¡de todas formas!
                                feliz,
            viéndote llegar todos los días
        de aquella desconocida
                    e imaginaria universidad
                y la risa tuya,
              que ya me hacía reír,
                aquella risa
        que ya está en los álbumes de mis traumas
        no dejará de habitar esta invencible imaginación,
        en la que espero sentado,
                leyendo y confiado
              uno de nuestros libros
                que se besarán más que nosotros,
            y nos leeremos más que a nuestros libros,
        y serán dos williams blakes los que se amen allí:
        el tuyo... maravilloso;
            el mío, maravilloso y borracho

y aunque sean años los perdidos,
                imaginando,
      será pura ganancia
y un tiempo eficientemente bien aprovechado,
      ¡porque leeremos juntos!
        como se aman las carnívoras plantas

    y ya esa altura el amor no será imaginario,
sino que será tremendamente doloroso
              aunque importará poco,
porque ya me encontraré
      feliz
           y venturosamente perturbado

    pero aunque me vuelva totalmente loco,
        viviré esta vida contigo,
leyendo y amándote,
    brochazo a brochazo,
      epígrafe a epígrafe,
            codo a codo
¿bonito, no?

ojalá nadie pueda negar,
que soy escrupulosamente sensato al imaginar
    que una vida sin estar contigo,

RACIONALMENTE hablando

              no se debiera nunca
              haber vivido

y aunque ya es del todo suficiente,
                no solo por eso imagino,
sino para estar inesperadamente contigo
hasta en las habitaciones prohibidas
y oscuras de la imaginación,
                esas donde todavía no somos capaces de
                              concebir
            como especie,
        pero en las que ya nos hemos escrito y
                            pintado,
    en donde frecuentemente ya te he exasperado
                            conmigo
    y en donde un par de veces ya me has corrido

    una habitación
donde en este preciso momento nos estamos amando,
                con la locura posible
        de una razón derribada,
  de una razón humillada por la carne
    y en decidida rebeldía con todo atisbo de sensatez

simplemente porque el amor
                es un sueño feroz
        la fantasía de vivir de verdad,
            pero de verdad
            FURIOSA
        ¡y desatadamente!

                      un sencillo,
                        y libresco
                            amor

Paisajes

Debe haber momentos en que la Belleza diga,
me cae bien este chico,
le haré una visita.
Deben suceder cuestiones asombrosas para que lo
                                                            sublime
se anime a bajar a los arrabales.
Debe haber algo de conciencia de clase,
para que lo absoluto visite,
flores en mano,
a la miseria.
Debe ser el arte una línea férrea que de tanta luz urja
                                          silencio y oscuridad.

Quizás por eso se siente el temblor hasta acá.
Por eso la estación de trenes, quizás.
Deben ocurrir sucesos extraordinarios para que una
                                       artista talentosa
no reciba el amor del mundo.
Debe el universo estar muy distraído o en un sueño
                                               profundo,
para no desgarrarse ante la más indestructible
                                               fragilidad.
Para no humillarse frente a su carne.
Ante sus manos,
                piel
                     y paisajes.

Para mi madre una gran lectora que no terminó la secundaria

Mi madre me contó que nací sin respiración
que pasé varios minutos sin respirar
que estuve por algunos momentos muerto
que inauguré la incubadora del hospital.

Que ni los doctores
ni las enfermeras
tenían esperanzas
en mi sobrevivencia.

Que después los profesionales se entusiasmaron
y que algo de vida podían despertar:
estimulando el corazón,
pero que era irreversible
y alarmante el daño cerebral.

Imagino que para cualquier madre
esto debió haber sido una puñalada,
la razón para devolver el billete a la vida.

A mi mamita,
una campesina que vivía de allegada,

y que sigue siendo una gran lectora,
le confirmaron que con suerte aprendería a hablar,
pero ni pensar en leer,
y en escribir,
ni pensar.

No conforme y sin paciencia,
mi mamita fue a la biblioteca municipal
y se instruyó en cómo revertir
semejante veredicto de la ciencia.

Descubrió en alguno de aquellos libros
de aquellos añejos estantes
que la vitamina C
tenía un efecto preventivo en el deterioro cognitivo,
entre otros beneficios neuronales.

Sugería el libro una dosis de 15 gotitas al día
en el caso de los niños.
Mi mamita, siempre rebelde,
me dio 45 gotas por día, durante años,
con lo cual salí jugando,

poco a poco,
de las tinieblas lectoras y escriturales.

Aprendí a leer y escribir.
Aprendí a pensar.
Me hice profesor de literatura
y hasta publiqué libros.

Aprendí a sentir.

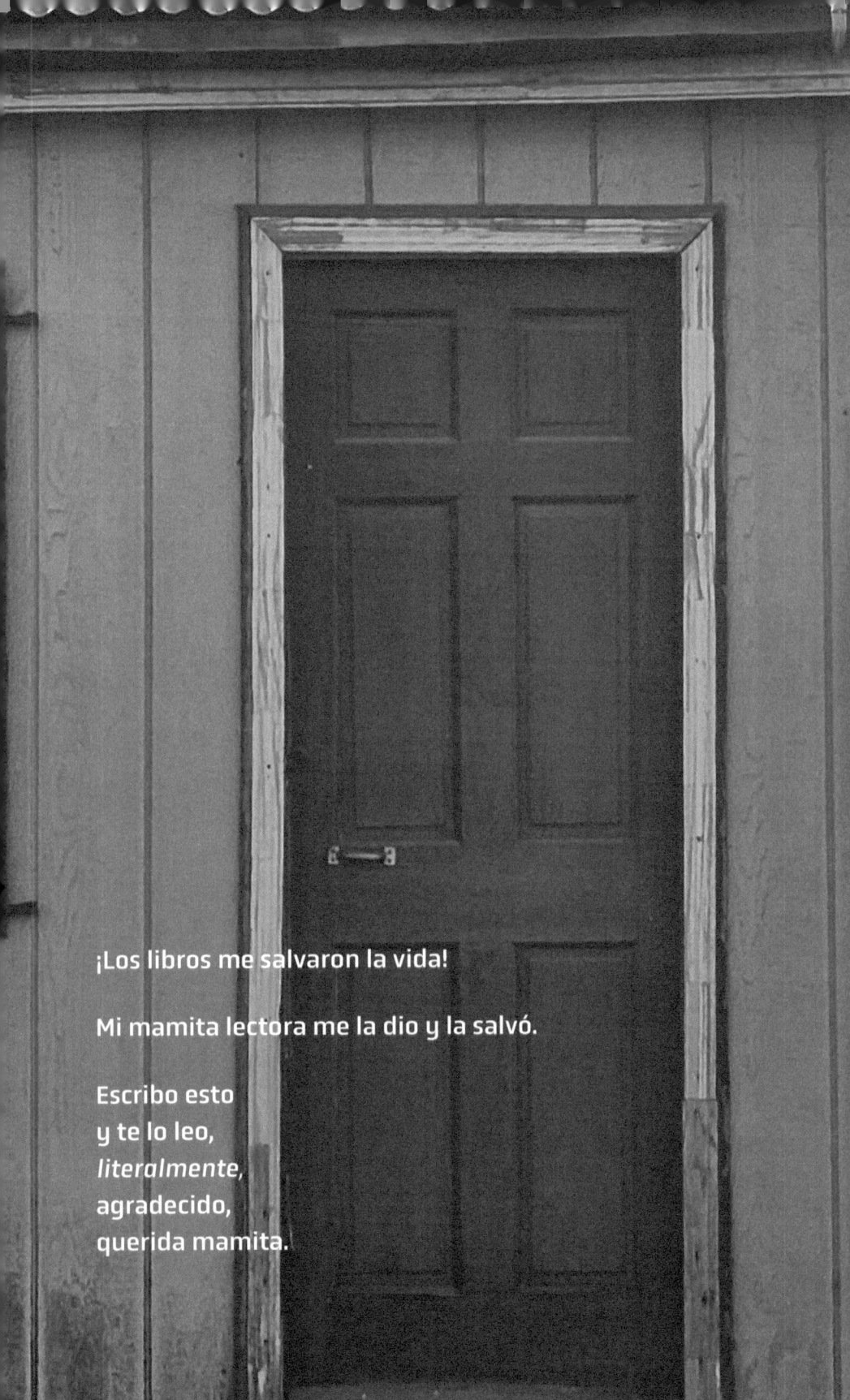

¡Los libros me salvaron la vida!

Mi mamita lectora me la dio y la salvó.

Escribo esto
y te lo leo,
literalmente,
agradecido,
querida mamita.

DARSE

cuando piden,
lxs niñxs en Chile no dicen "dame"; dicen *date*
como si al dar algo se dieran a sí mismos,
        como si el dar tuviera estrecha relación con la muerte
    con el despojo, con el vacío
    quizás por eso uno da:
        para comerse un plato de comida en la oscuridad
        para deshabitarse y dejar
    el aullido apoyado en una vieja pared
uno da solo para ser desgarro:
      hasta   el mendrugo más humilde de pan
        uno lo da para trizar sus propios diques:
      y desaguarse
    para que las lágrimas arrastren todo lo que sobre:
uno da, y se da en el acto
      para   Desaparecer   para Volver a la Tierra
      y no siendo
    nada más que un valiente y caliente vacío:
      desprendidamente dar todo,
        amar-punk-thrash-black-metal:

redactando la sentencia de muerte,
con la propia y fresca sangre, ¡mierda!
Dar.   Como si en cada beso te cortaran con una tijera el labio
Dar.   Como salir de una clase sin el bazo,
con un riñón menos de la reunión de sindicato.
Del amor, apenas hecho vapor: humo blanco de rebeldes orgasmos.
Dar   y Darse en el acto.
En el edificio de enfrente dejar la aldaba y la cadera hundida,
perder la cabeza e imprimir un cartel "No se Busca".
Darse como se regala el último mendrugo,
la última dosis de sangre no contaminada.
Administrar las entrañas: morir un poco en todo lo que se haga con fuego.
Cremarse joven y esparramar las cenizas hasta anciano

Dar
y darse,
para que por fin la muerte profiera:
"te estás poniendo un poco viejo",
cuando ya llevas una década bajo tierra.

Prerrogativas de un perro sin raza

a Teresa Osorio y Hernán Toledo

Soy un maestro que parte el día escuchando
                     The Number of The Beast,
     que llega a la escuela
          agitando su cabeza
          apuñalando
          con el dedo del medio
          las cuerdas vocales
              de este fuking jodido sistema.
Que disfruta las primeras clases día
       eufórico, como en un concierto de Pink Floyd,
     que arenga a sus estudiantes con *The Wall*,
que les lee los versos de Rafeef Ziadah,
mientras les susurra "Know your enemies", chamacos
     Atentos, atentas, ¡echémoslo todo abajo!

Que perrea a Residente si hay que hacerlo,
     que perrea hasta abajo,
          hasta abajo,
          hasta abajo

Que no le hace asco a un baile folclórico,
que le pone play a Violeta Parra
    que olvida que es un funcionario
    y hasta grita ¡Viva la Revolución Cubana!
    (¡Mayombe—bombe—mayombé!)

Que cura rodillas y ánimos,
Que sana con palabras otras que terminaron siendo
                                    monstruos
    Que canta correlé correlé correlá
        por aquí   por aquí   por allá
y alucina con la astucia de Manuel Rodríguez, ¡y la
                                    canta!
    Tan fuerte como canta a Víctor Jara
        y a Nina Simone
    Que trata a sus alumnos como a sus maestros
    y se deja tareas para la casa,
        para hacerlos   ¡Libres!
con todo el riesgo que eso significa
                                    laboralmente
    We got to run to the rock,
    A la mierda todo, chamacos y chamacas
Pero a veces recuerda que su contrato no es indefinido,
    y se incendia todavía más
    ¡A cantar El Pueblo Unido!
    Que llora con Sandra Cisneros

que no hace exámenes de Juan Rulfo, que olvida que es
                                        maestro
    y que juega a la pelota como un niño

Que resiste sus días con rabia y alegría
Que canta, que recita, que no ve contenidos

Que ama, que es desvinculado

Que lee poemas a sus estudiantes
mientras es nuevamente despedido

Que ama,
mientras busca nuevamente trabajo

TABLA DE CONTENIDO

Rabia
Devolverle al dios — 25
La utopía es una hermosa niña desahuciada — 26
Algoritmo de RabiAmør — 29
DAR — 30
Sin miedo — 32
CONTRA — 33
Una niña de 17 años. Una niña de 17 años que lee — 36
Padre nuestro — 38
ACUERDO DE APOCALIPSIS — 40
Homenaje en vida a Hernán Larraín — 43
LXS ELEGIDXS — 47
Dignidad — 50
Fogar — 52
¡APLAUDAN! — 56

Amor
Dichoso viviría en la montaña — 61
AMOR A LA VIDA — 62
Quisiera agradecer a mi Pasión — 65
E
L
K
I — 66
Réquiem colgado de una rama de durazno — 71
A mí sólo me gustaría escucharte — 77
La victoria de Víctor o elogio a los calcetines — 78
Debilidad No Superada — 81
Paisajes — 86
Para mi madre una gran lectora que no terminó la secundaria — 88
DARSE — 92
Prerrogativas de un perro sin raza — 94

Poetry Collections

Adjoining Wall
Pared Contigua
Spaniard Poetry
Homage to María Victoria Atencia (Spain)

Barracks
Cuartel
Awards Winning Works
Homage to Clemencia Tariffa (Colombia)

Borderlands
La Frontera
Experimental Poetry (Hybrid)
Homage to Sylvia Plath (U.S.A.)

Crossing Waters
Cruzando El Agua
Poetry in Translation (English to Spanish)
Homage to Sylvia Plath (U.S.A.)

Dream Eve
Víspera Del Sueño
Hispanic American Poetry in USA
Homage to Aida Cartagena Portalatin (Dominican Republic)

Feverish Memory
Memoria De La Fiebre
Feminist Poetry
Homage to Carilda Oliver Labra (Cuba)

Fire's Journey
Tránsito De Fuego
Central American and Mexican Poetry
Homage to Eunice Odio (Costa Rica)

Into My Garden
English Poetry
Homage to Emily Dickinson

LIPS ON FIRE
LABIOS EN LLAMAS
Opera Prima
Homage to Lydia Dávila (Ecuador)

LIVE FIRE
VIVO FUEGO
Essential Ibero American Poetry
Homage to Concha Urquiza (Mexico)

REVERSE KINGDOM
REINO DEL REVÉS
Children's Poetry
Homage to María Elena Walsh (Argentina)

STONE OF MADNESS
PIEDRA DE LA LOCURA
Personal Anthologies
Homage to Alejandra Pizarnik (Argentina)

TWENTY FURROWS
VEINTE SURCOS
Collective Works
Homage to Julia de Burgos (Puerto Rico)

WILD MUSEUM
MUSEO SALVAJE
Latin American Poetry
Homage to Olga Orozco (Argentina)

INTERNATIONAL POETRY AWARD
PREMIO INTERNACIONAL DE POESÍA NYPP
Award Winning Authors
Homage to Feature Master Poet

Children's Literature

KNITTING THE ROUND
TEJER LA RONDA
Homage to Victoria Ocampo (Chile)

Fiction

INCENDIARY
INCENDIARIO
Homage to Beatriz Guido (Argentina)

Drama

MOVING
MUDANZA
Homage to Elena Garro (México)

Essay

SOUTH
SUR
Homage to Victoria Ocampo (Argentina)

Non-Fiction

Break-Up
Desarticulaciones
Homage to Silvia Molloy (Argentina)

For those who, like Marosa Di Giorgio, imagine *that the stars offered their branches, so [we] could climb up and flee with them / but the dawn began to color the land / and the dawn witnessed the sacrifice in the thicket*, this book was conceived as a tribute to her in July 2025, in the United States of America, by Nueva York Poetry Press, in the Wild Papers Collection.

www.ingramcontent.com/pod-product-compliance
Lightning Source LLC
Chambersburg PA
CBHW030121170426
43198CB00009B/689